고죄

고죄

초판 1쇄　2012년 9월 24일
지은이　김춘호
펴낸이　김영재
펴낸곳　책만드는집

주소　서울 마포구 합정동 428-49번지 4층 (121-887)
전화　3142-1585·6
팩스　336-8908
전자우편　chaekjip@naver.com
출판등록　1994년 1월 13일 제10-927호
ⓒ 김춘호, 2012

* 이 책의 전부 또는 일부 내용을 재사용하려면 사전에 저작권자와
  책만드는집의 동의를 받아야 합니다.
* 잘못 만들어진 책은 구입하신 서점에서 교환해드립니다.

ISBN　978-89-7944-406-3 (04810)
ISBN　978-89-7944-354-7 (세트)

김춘호 시집

책만드는집
시인선 025

고죄 告罪

책만드는집

| 차례 |

- 8 · 시인의 말
- 10 · 김춘호의 시세계 - 성찬경

1부

- 19 · 그때처럼
- 22 · 행복한 사람
- 24 · 나이를 묻는다면
- 26 · 쓰나미
- 28 · 친구
- 30 · 아름다운 사람
- 32 · 여유
- 33 · 장마
- 34 · 유산
- 36 · 연민—아리아의 삶, 동일을 생각하며
- 38 · 가장의 습관
- 40 · 염원
- 41 · 억장이 무너지고
- 42 · 어떤 기러기
- 43 · 점심 같은 시 한 편

2부

47 • 꿈
48 • 돌아오는 길
50 • 너를 만나기 전 나는
52 • 사계
53 • 만남
54 • 지심도에 가면
55 • 고독
56 • 늦가을
57 • 말할 수 없어요
58 • 목련
60 • 월악
62 • 별똥별
63 • 뻐꾹새
64 • 이슬꽃
65 • 입동

3부

- 69 • 고죄
- 70 • 마지막 날처럼
- 72 • 밥상
- 74 • 새벽별―방상복 안드레아 신부께
- 77 • 성탄
- 78 • 청빈
- 79 • 대림
- 80 • 수탉
- 82 • 엄마
- 84 • 베로니카
- 86 • 은총
- 88 • 스님의 그림
- 90 • 일어나 춤을 추어라
- 92 • 실명이 된다면
- 93 • 연극은 막이 내리고

4부

- 97 · 봉선화
- 98 · 깃발
- 100 · 북한산 진달래꽃
- 102 · 벌초
- 104 · 간이역
- 106 · 지렁이
- 108 · 귀향
- 110 · 빈집
- 112 · 산촌일기
- 114 · 백두산 사진을 보며
- 116 · 비무장지대가 열리다
- 118 · 독립문공원
- 120 · 용서하지 마라
- 122 · 노숙자와 비둘기
- 124 · 어머니

- 125 · 밀어주는 글 – 송하섭

| 시인의 말 |

 나를 알고 있는 모든 분들께 용서를 빈다.
 일흔을 넘긴 나이에도 나는 첫사랑이라는 말만 들어도 가슴이 설레고 뛴다. 문학에 대한 심성과 감성 또한 마찬가지. 가끔 동년배나 후배들을 만나서 소설이나 시가 화제에 오르면 속살을 드러내 놓은 것처럼 부끄럽고 떨린다.
 청년기 '나의 문학은 곧 나의 생명'이었다. 그러나 '취업이 하늘의 별 따기'였던 시절에는 '글쓰기가 직업의 도구'가 되었다. 문단 데뷔는 생계를 영위하는 1급 자격증이기도 했다. 1962년 〈충청일보〉 신춘문예 소설 부문 당선작 없는 가작 입선은 잡지 기자로 입사하는 기회를 얻게 해줬다. 결국 그 직업은 또 다른 나의 목숨이 되었고 나는 전력투구했다. 그렇게 신문, 출판사에서 반평생을 살았다.
 1973년 〈한국일보〉 신춘문예 시조 부문 당선. 그 무렵 무르익어 가던 남북한 대화가 중단되면서 '휴전선 문학 범주'라는 심사평에 고취되었던 나의 창작 의욕도 혼란을 겪는다. 겨누고 있던 과녁이 분명치 않자 실의에 젖을 수밖에. 그렇게 또 40년이 흘렀다.

지병인 녹내장이 심각한 시력 장애를 주고 있다. 더 늦기 전에 흔적을 정리하고 싶었다. 비망록을 뒤져보니 시 형태의 글이 60여 편. 고민 끝에 존경하는 시인이며 예술원 회원인 성찬경 님 고견을 듣고 싶었다. "죄송하오나, 시가 되는지 안 되는지 모르겠습니다. 가부만 하회하소서." 청을 올렸다. 그것이 이렇게 되었다. 분에 넘친 격려에 몸 둘 곳을 모르겠다. 곁들여 내자의 오랜 병고로 간난 중에 발문을 준 동문 문우 송하섭 님의 죽비가 또한 부끄럽다. 한결같은 하느님의 은총과 응원해준 아내 민아나다시아, 세 딸에게 감사한다.

2012년 9월

김춘호

| 김춘호의 시세계 |

맑음과 가난과 사랑

성찬경 시인·예술원 회원

　김춘호 시백詩伯이 첫 시집을 상재하게 되었다고 알려 왔다. 반가운 소식이다. 순간 작은 수수께끼 같은 느낌이 스쳤다. 아직도 시집이 없었던가! 허나 이런 궁금증은 이내 스르르 풀렸다. 그렇게 풀리는 과정이 나에게는 작고 아름다운 체험이었다.

　김춘호 시백은 언제나 시집을 엮는 일보다 더 급하고 중요한 일이 있었을 것이다. 그것은 이웃 사랑을 실천하는 일이었을 것이라고 나는 짐작한다. 이웃에 대한 사랑의 실천과 봉사를 먼저 하느라 언제나 뒤로 밀리기만 한 시집의 상재! 세상에 이렇게 아름다운 지연遲延의 이유가 또 있을까!

　짐작건대 김춘호 시백은 참으로 맑고 가난하고 소박한 영혼의 소유자다. 김춘호 시백의 첫 수필집 『팝콘 한 봉지』에서 조광호 신부님은 그의 인품을 소개하는 매우 인상적인 글을 쓰셨다. 내가 여러 말을 하는 것보다도 그 글을 여기에 인용하는 것이 더 적절할 것 같다.

"그를 만나면 기쁨과 평화의 아우라가 내 가슴에 무지개처럼 걸린다. 같은 시대, 같은 세상에 태어나 같은 하느님을 함께 섬기는 도반으로서 내가 부러워하는 것은 그가 지닌 그 복음적 단순성 때문이다. 엄동의 동토에 내리는 따스한 햇살같이 눈부신 은혜로움, 천사의 날개같이 부드러운 하느님의 아득한 숨결이 그의 눈빛, 그 어딘가에 숨어 있기 때문이다."

사람이 들을 수 있는 최상급의 찬사라 할 수 있지만, 나는 이 말이 조금도 과장이 되었다고 생각하지 않는다. 바르고 적확한 표현일 따름이다.

김춘호 시백이 전에 가톨릭문인회 총무 간사로 일할 때 보면 그는 늘 바빴고, 그때도 그것은 바로 이웃을 위한 봉사의 실천 때문이라는 느낌을 나는 받았다. 그런데 시집의 발간이 지연된 또 하나의 숨은 이유도 있을 것이라고 나는 짐작한다. 그것은 시의 '수준'에 대한 조심스러움 때문인 듯하다. 이번에 김춘호 시백의 60여 편의 시를 읽어본 결과 나는 그의 겸허한 인품을 다시 한 번 실감했다. 시의 수준이 염려될 정도이기는커녕 문자 그대로 편편이 주옥편이란 말이 꼭

맞는다. 우선 시 한 편을 보기로 들겠다.

> 새벽별 따라 산책 나설 때
> 발끝에 차이는 청아한 이슬꽃
> 어떤 이의 눈물인가
>
> 토란잎에선 은방울로 구르고
> 풀꽃마다 머금고 있는 진주
> 어떤 이의 기다림인가
>
> 아, 한 줄기 햇살에
> 번개처럼 스러져버리는
> 처연한 하루살이 꿈
>
> 「이슬꽃」 전문

정말 놀랍다. 우선 완미(完美)한 형식에 경탄하지 않을 수 없다. 영롱하게 반짝이는 시상(詩想)이 그야말로 이슬처럼 결정(結晶)이 돼 있다. 뿐만 아니라 수수께끼 같은 인생의 덧없음과 슬픔도 어른거린다. 서정시의 표본이란 이런 것 아닌가.

김춘호 시백이 시의 형식미에 대해서 남다른 감각과 결백벽이 있는 데는 그 까닭이 있는 듯싶다. 한마디로, 이것도 그의 생득적生得的인 성향일 것이다.

　김춘호 시백은 1973년 〈한국일보〉 신춘문예에서 고 이은상, 장순하 두 분의 심사로 시조 부문에 당선됐다. 출발부터 '시조'라는 틀이 갖는 형식미에 시의 자유를 맡겨버린 셈이다. 당선작 「산촌일기」는 약간 풀어서 쓴 5연의 연시조聯詩調 같은 것이다.

　어느 시인이고 데뷔작은 평생을 두고 흐르는 기본적인 시의 맥脈 구실을 한다. 이 시의 셋째 연을 보기로 한다.

　　산 그림자 그대로 천년
　　물속 깊이 아른거리고
　　선대先代의 피땀 배인 땅
　　높고 낮은 들판인데
　　기러기 울음소리 끝에
　　남북南北 사연 묻어 오네

　앞서 말한 심사위원 두 분은 이 시조에 대해서 "생각, 말, 표현 모두가 능숙"하다고 평하고 있다.

　김춘호 시백이 비교적 근래에 쓴 시 한 편을 더 음미해보도록 하자.

진정한 빈자貧者는
성 프란치스코처럼
나누고 버리면서
살아야지

백결 선생처럼
지붕에서 새는 비를
가부좌로 맞는 것은
우화

온전한 가난은
무소유뿐 아닌
생각하고 있는 마음마저
비웠을 때 얻는 평화
「청빈」 전문

 초기 시의 시풍과 하나도 달라진 것이 없다. 단정한 형식, 함축적인 표현, 깊은 상념 등 찍어낸 듯이 한결같다. 이처럼 생득적인 김춘호 시백의 시세계와 그 개성적 특징은 시인으로서 매우 드문 경우라 여겨진다.
 많은 시인이 아직 확정된 시의 스타일이 없어서 더듬고

찾아 헤맨다. 그리하여 고뇌에 찬 변모를 숙명처럼 겪는데, 김춘호 시백의 경우는 이와 다르다. 거의 처음부터 흠 없는 시형에 대한 감각을 갖추고 있으며 그것으로써 서두르지 않고 시를 써온 것으로 여겨진다.

그의 시의 주제는 언제나 형제, 가족, 이웃, 친구, 조국, 가난의 문제, 성실성의 문제, 불의의 문제 등이다. 특별히 고급스러울 것도 없지만, 모두가 삶을 꾸미며 보람 있게 하는 기본적인 요소들이다. 시와 사람의 관계에 있어서 이 둘이 괴리 없이 온전하게 일치하는 경우는 드물다. 시와 사람을 완전히 별개의 것으로 여기는 경우도 있다. T. S. 엘리엇의 경우도 그렇다. 정교하게 구축해가는 시의 세계에 가려져서 '사람'은 수수께끼처럼 숨는다.

김춘호 시백의 경우는 다르다. 그의 경우 시가 곧 사람, 사람이 곧 시라는 느낌을 지울 수가 없다. 시의 풍경과 인품이 놀라울 정도로 일치하는 것이다. 그리하여 김춘호 시백은 인품과 시 모두가 맑고 양명陽明하고, 간결하고 여운이 있으며, 솔직하고 포용적이다. 이는 참으로 드물게 축복받은 경우라 여겨진다.

아무쪼록 김춘호 시백이 제2, 제3의 시집을 상재하실 것을 진심으로 축원하는 바이다.

1부

그때처럼

어린 시절
아무것도 씌어 있지 않은
새 노트를 선물 받았을 때처럼

간밤에 쏟아져 내려 쌓인
순백의 새벽 눈길로
동산 넘어 큰집에 세배 갈 때처럼

열두 살의 어느 봄날
뒤란의 개나리꽃 담장 옆에서
처음 자위를 경험했을 때처럼

중학교 입학식날
어색하지만 새 교복 차림으로
집을 나설 때처럼

첫사랑의 입술에

키스를 했던
순간처럼

입대하는 날 아침
부모님께 큰절 올리고
현관을 나서던 발걸음처럼

오랜 여자 친구로부터
이젠 연인이 되고 싶다는
편지를 받았을 때처럼

결혼하는 날 아침
이용실을 나서기 직전
거울 속 나를 바라볼 때처럼

신입 사원으로 첫 출근하는 날
넥타이를 몇 번씩 고쳐 매며

회사 문을 들어설 때처럼

첫아이가 출생하는 순간
아내 곁에 서성이며
죄인처럼 떨던 그날처럼

촛불 집회 말석에 앉아
따스한 촛물을 손등에 느끼며
민주와 민초를 생각한 그 밤처럼

결혼하는 딸애 손을 잡고
경건하고 거룩한 성당 안으로
입장하던 엄숙한 발길처럼

그때처럼

행복한 사람

행복한 사람은
조금쯤 잃어버리고 사는 사람일 겁니다

더욱 행복한 사람은
많은 것을 잃어버리고 사는 사람일 겁니다

그보다 더 행복한 사람은
잃어버린 것을 찾은 사람일 겁니다

가장 행복한 사람은
잃은 것을 찾았다 다시 잃은 사람일 겁니다

사람들은 때때로
잃어버린 것들을 애타게 그리워합니다

그리움에 오랫동안 상심해도
그러나

살아가면서 잃는 것이 하나도 없는 이는
참으로 불행한 사람일 겁니다

나이를 묻는다면

누가 지금
내 나이를 묻는다면
벙어리가 될 거야

소년기, 청년, 장년기를 지나서
불혹을 건너뛰어 지천명
이순도 넘겼는데

맹랑한 세상 돌아가는 일
숙맥으로 살아도 행복한
병아리처럼, 개구리처럼

한 그루 느티나무였다면
지금쯤 나는
얼마나 넉넉한 쉼터가 됐을까

수만 번 생각해도 되새겨지는

땡초 중광이 남긴 마지막 말
"나, 괜히 왔다 간다"

쓰나미

참 좋은 세상이다
수십만 킬로미터
상상이 안 되는
머나먼 곳에서
잉태되어
혹은 마녀같이 혹은 괴물로
내닫고 있는
바람
비
이것들의
시작과 끝을
명화 감상하듯이
편안한 의자에 앉아
생중계로 보고 있는
오늘
뜻밖의 쓰나미에
남부 아시아 절반이 무너지고

삼십만 명이 죽거나 행방불명
수억만 명의 혼이 나갔다
신혼여행 간 조카 부부도
어디론지 사라져
한 달 열흘쯤 뒤
미라로
돌아왔다

친구

꼭두새벽 짙은 안개 속에서
손 흔들어주는 이, 누구시더라
장터 앞 환경미화원인가
병가 방문하고 돌아오는 수녀님인가

육안이 흐려지면
심안이 열린다는
선인들 말씀 아래
나의 녹내장은 깊어만 간다

초대받은 연주장 입구에서
그대가 날 몰라보고 지나치려 할 때
나조차 그대를 못 알아본다면
이를 어쩌나

서른 몇 해
한집, 한방, 한이불 속에서

살 비비며 살아온 이도 돌아눕는
영육이 시린 겨울 침상

지팡이도 안내견도 부질없다
다만 따뜻한 커피 한 잔 마주하고
모차르트의 〈레퀴엠〉을 함께 들어줄
그런 친구 어디 없소?

아름다운 사람

아름다운 사람은
콩나물, 황태, 파가 담긴 장바구니에
시집 한 권쯤 얹혀 있습니다

아름다운 사람은
들꽃 한 송이도 그냥 지나치지 않고
미소라도 짓습니다

아름다운 사람은
오래 소식 없는 그리운 이들에게
추억을 가득 담은 편지를 보냅니다

아름다운 사람은
옛 직장 동료를 찾아가 차를 나누며
고민을 들어주고 칭찬을 해줍니다

아름다운 사람은

백수 친구에게 오늘 영화 한 편 어때?
전화를 합니다

아름다운 사람은
가족 간병의 지인을 방문 위로하며
그대 몸도 돌보라고 다독입니다

여유

공중화장실 남자 소변기 앞 경구
"한 발자국 더 가까이!"
그러나 나의 삶
굽이굽이에는
"한 발자국 뒤로!"

더러는 돌아서서
더러는 느릿하게
그러나 책임질 일은
내게 넘겨라

어떤 이는 건강을 위해서라지만
나는 무임승차가 싫어서
광화문에서 홍제동, 영등포까지
휘파람 불며 걷는다

장마

자정에는 지붕에서
새벽에는 현관에서
아침에는 창문에서
때로는 속삭이듯이
때로는 도망꾼처럼
보름이 지나 한 달
하늘이 뚫어졌는가
아직도 소나기소리
배산임수 전원주택
한밤중에 무너지고
올 농사 망친 농민
안타까워 못보겠네
희망이 감동이라는
인생은 연극이던가

유산

1
영면한 그대를 만나러
대학병원 영안실 가는 길에
낙엽은 폭설처럼 발목을 뒤덮고
회오리바람 불어
꺾일 듯한 미루나무 가지 사이
까치집 하나
그대 꿈의 둥지

내 집 한 채 장만하기 위해
굶기를 밥 먹듯 했던 한평생

2
영구차 차창에 어른거리는
아스라한 달동네
그대의 유품처럼 처연하게
감나무 우듬지에 매어 달린

까치밥 하나
돌아보고
또 돌아보고

그대의 한
그대의 넋

연민
―아리아의 삶, 동일을 생각하며

벚꽃이 만개한 사월 중순
상춘 인파 넘실대는 한낮
함께 섞여보자던 그대가
돌연 부음으로 방문을 연다

여름 소나기 같은 봄비
보내는 길 아쉬워
손 흔들어주며
하이얀 낙화 카펫 깔아줬나

모임에 흥이 넘쳐
트로트가 질펀하면
빼어난 파바로티의 모창
〈무정한 마음〉으로 기가 살았던 그대

가난으로 접은 유년의 꿈은 한이 되어
슬하의 남매 큰물에서 큰사람 되라고

아내와 함께 외국 유학 보내놓고
자청한 '기러기 아빠' 고행 십수 년

기나긴 별거가 병이 깊었는가
이승에서의 마지막 길이건만
아내도 자식도 비어 있는 빈소
일그러진 영정만 우두커니 앉아 있다

가네 가네, 〈남몰래 흘리는 눈물〉
백수 노모께 인사도 못 올리고
반평생 수절한 〈별은 빛나건만〉
고향 땅 박달재를 어떻게 넘는가

가장의 습관

소주 한 잔에도 오래
취하고 싶은 이 마음
아이들은 알까 몰라

세월이 흐르면
자리가 오른 만큼
월급도 오른다던 선배는
오십 고개로 접어든 어느 날
물주의 피붙이에 밀려
노점상으로 나앉고

올라가는 것이라고는 물가뿐인데
날이 갈수록 오래된 장바구니만큼
일그러지는 아내의 얼굴
나의 하늘은 오늘도
한없이 낮기만 하고

더러는 홀로 소주 한 잔
넘치게 채우는 이 마음
아이들은 알까 몰라

염원

"어이 오랜만일세"
찬 손만 잡고 흔들다
홀연히 돌아선 사람
놓쳐버린 막차였다

비바람에 닳고 깎인
길고도 짧은 세월
만나고 헤어짐이
자연의 섭리라지만

'구슬이 서 말이라도
꿰어야 보배'이듯
친구여, 는개 걷힌 이 새벽
문 열고 들어서라

억장이 무너지고

3인의 국무총리 후보 청문회를 보다가
억,
수십억,
수백억,
억장이 무너진다

판사, 대법관, 변호사 생활 십수 년이면
일백억이 모아진다는 나라
개혁의 깃발을 들었다는 고관들 재산이 평균 십여 억
민주화 운동 하다 학교도 퇴학당한
억울한 수배자들은 직업도 없는데
남몰래 금광을 뚫었는가
억,
억장만 무너진다

어떤 기러기

무리에서 낙오한 기러기 한 마리
가시를 삼킨 듯 꺼억꺼억
쫓기듯 떨며 날아간다

부모 형제 잃었다고
포기할 수는 없잖아
고통의 쓴잔 넘기듯 꺼억꺼억

안 보여도 보이는 척
어떤 이는 심안이 밝아
더 멀리 보인다는데

점심 같은 시 한 편

내 생애
점심 같은 시 한 편만 쓸 수 있다면
원이 없겠네

수다스런 제비 내외도
어느 대목에선
목이 잠기고
눈물이 담기는데

마음에 점 하나 찍는 일이
왜 이리 어려울까
잊어야지 잊어야지 하면서도
차마 지울 수 없는 허기

산간수 돌 틈에 숨은 송사리 같은
싱그런 말씀들 건져 올려서
맛깔스런 점심상 차려봤으면

2부

꿈

어릴 적 내 꿈은 나무꾼이었다

잔설 덮인 봄날 나뭇짐 높게 큰 산 내려와서
마을이 내려다보이는 언덕에 지게 받쳐놓고
구슬처럼 흐르는 땀을 닦던 박 서방
나뭇짐 꼭대기에는
아내에게 줄 진달래꽃 한 아름

그 모습 너무도 향기로웠다

집에 와 부엌 옆에 쿵 나뭇짐 내려놓고
냉수 한 사발 들이켜고 식은 보리밥
묵은 김치 찢어 넣고 고추장을 얹어
쓱쓱 비벼 볼 터질 듯
저, 박 서방 수먹 같은 밥숟갈 좀 보게

그 얼굴 한평생 그리움이다

돌아오는 길

돌아오는 길은 참으로
멀고도 먼
가시밭길이었습니다

때때로 모진 돌팍에
발가락을 부딪혀
피를 흘리고
찔레꽃 넝쿨에
종아리를 찢겨

상처뿐인 몸이지만
저 높은 하늘에서
노래하는 새를 따라
산 넘고 강을 건너서
이렇게 돌아왔습니다

잊어버린다는 것은

기억한다는 것보다 남루하고
아린 시련이었습니다

돌아오는 길은
떠나던 길보다
밤새 밝혀놓은 촛불
심지 타는 소리 같은
가슴밭길이었습니다

너를 만나기 전 나는

너를 만나기 전 나는 돌이었다
들숨도
날숨도
없는

그러므로 나는
그리움도 기다림도 설레임도
목마름도 외로움도 아픔도 몰랐고
사랑도 기쁨도 슬픔도 알지 못했다

너를 만나기 전 나는 흙이었다
봄엔 온갖 꽃씨와 곡식의 씨를 뿌리고
몇 그루 묘목을 심어놓기는 했지만
물 주고 거름 주고 벌레 잡는 섬김은 몰랐다

그러므로 나는
꽃은 피웠으되 나비나 벌이 날고 드는 걸 몰랐고

나무는 심었으되 잎이 무성하도록 몰랐다
추수 때 쭉정이가 곡식보다 많아도 덤덤했다

너를 만나기 전 나는 물이었다
오감은 열려 있으되 먹통
눈이 있고 귀가 있으되 보고 듣지 못했고
냄새와 맛과 촉감은 바보

그러므로 나는
사랑을 위해 목숨을 내어놓는 용기를 몰랐고
죽어도 죽지 않는 지혜를 깨닫지 못했다
너를 만나기 전 나는

사계

봄비는 겨드랑을 간지럽히듯
새싹에게 종알종알 속삭인다

여름비는 묵은 때라도 벗기듯
산천 어디에서든 온몸에 내린다

가을비는 마른 낙엽 헹구어내듯
가슴 위에 고독과 함께 뿌린다

겨울비는 뼛속마저 얼게 하는 듯
눈보라로 마음속에 흩날린다

만남

우리 만남은
초여름 날 나팔꽃 같은 기다림이었나

우리 만남은
토란잎 속의 이슬방울 같은 설레임이었나

우리 만남은
구월 어느 날 코스모스 같은 그리움이었나

우리 만남은
피나도록 부르다 메아리가 될 목마름이었나

우리 만남은
영원이 아닌 새벽별 같은 외로움이었나

지심도只心島에 가면

한반도에서 꽃 소식이
가장 빠른 지심도
누구든 섬에 닿기만 하면
동백꽃 품에 죽는다

무공해 바닷바람 안마를 하고
터질 듯한 꽃망울 불을 놓는다

한입 깨물면
젖이 흐를까
두입 깨물면
꿀이 터질까

지심도에 가면
사람이 벌인 듯 나비인 듯
무릉도원이 여기 아니런가

고독

벌거벗은 그대는
욕망의 감나무
까치밥

한평생
우듬지에 매달려
곡예를 한다

늦가을

호젓한 옛 궁성 돌담길에서도
도라산역 플랫폼에서도
나뭇잎은 우수수 떨어져
어깨 위에 쌓인다

이 한 장의 나뭇잎은
그대라는 우주
그윽이 눈 감고 가늠해보니
우리는 한 번도 이별하지 않았구나

숱한 날, 포수에 쫓기는 짐승처럼
앞만 보며 달려가던 바보
사랑하는 사람 하나 둘 흙으로 돌아가고
산길 들국화, 무서리에 더욱 곱다

말할 수 없어요

촛불 끝 심지가 재로 날릴 때까지
그대와의 만남을 말할 수 없어요

목젖의 가래가 숨을 멎게 할지라도
그대와의 대화를 고백할 수 없어요

마지막 남은 잎새처럼 바르르 떨며
뜨거운 키스로 영혼 속에 심은 말

빙벽의 미라처럼 내 안에 갇힌 그대
눈을 떠도 감아도 눈물 가득합니다

목련

한식을 앞둔 어느 날
단골 찻집 오 마담의 긴 손가락 같은
바람이 얼굴을 스치고 간 뒤
뜰 안의 목련이
꽃을 피웠다

언제나 그 앞에 서면
소복한 여인네와 키스한 듯
온몸이 떨린다
고고한 자태
순결한 날개여

뒷동산 언덕에는 쑥이 돋고
진달래 망울이 터질 듯 말 듯
골짜기 버들강아지도
며칠 지나면
피리가 되겠지

이순을 넘겼어도
열정은 아직 청년,
더러는 구렁이처럼
그대 칭칭 감아 올라도
닿을 수 없는 오르가슴

월악月岳

하늘재 넘는 길에
송계계곡 한 토담방에
여장을 풀고
홀로 누운 밤

자정쯤이었지
누군가
창문을
두드린다

문을 열어 밖을 보니
흰옷 입고 다가와
춤추는 이
천사인가 선녀인가

같이 놀자고
같이 가자고

처연한 달빛 아래
미소 짓는 박꽃

돌담길 달맞이꽃도
손을 내미는
아, 여기는
월악 품속

별똥별

칠흑의 그믐밤
소쩍새 탄식
사이
온갖 풀벌레 울음소리
억새숲길 두런거릴 때
별밭 고랑 너머
미리내 건너는
나그네

뻐꾹새

봉선화, 채송화가 얼굴 내밀면서
꽃잎이 하나 둘 떨어질 때까지
아직 못다 한 말이 남았는가
뻐꾹, 뻐꾹, 뻐어꾹

가출한 엄마 찾는 돌 지난 아기처럼
아침부터 저녁까지
동구 밖 이팝나무를 흔드는 흐느낌
뻐꾹, 뻐꾹, 뻐어꾹

무쇠 같은 성대를 지녔는가
수천 년 한결같이
애끓는 소리로
뻐꾹, 뻐꾹, 뻐어꾹

이슬꽃

새벽별 따라 산책 나설 때
발끝에 차이는 청아한 이슬꽃
어떤 이의 눈물인가

토란잎에선 은방울로 구르고
풀꽃마다 머금고 있는 진주
어떤 이의 기다림인가

아, 한 줄기 햇살에
번개처럼 스러져버리는
처연한 하루살이 꿈

입동立冬

엊그제만 해도
꽃잎 같은 단풍이
색동옷 입고 뽐냈는데
심술궂은 광풍 한 마당에
쓰레기로 쌓인 낙엽 더미
발가벗은 감나무는
까치밥 몇 받쳐 들고
얼굴 붉힌다

3부

고죄 告罪

아침마다 면도를 해도
솟아오르는
수염처럼

부질없이 자라나는
손톱과 발톱
머리칼처럼

이목구비 오장육부
뚫어진 구멍마다
쌓이는 먼지처럼

허욕의 바이러스
더 깊이 더 넓게
영육을 잠식한다

# 마지막 날처럼

오늘 헤어질 때 우리는
마지막 날처럼
초연히 돌아서 갈 수 있는가

해질녘 하늘가의 새털구름도
마지막 날처럼
번개같이 흩어지진 않는데

외롭고 고달픈 하루하루를
마지막 날처럼
악수하고
노래하고
포옹하고
기도하고
촛불마저 남김없이 사를 수 있는가

그리고 가슴속 덧게비 진 죄

모두 고백하고
마지막 날처럼
영성체를 모실 수 있겠는가

밥상

봄을 맞는 명동대성당 감실 앞에
밥상으로 누워 계신
김수환 스테파노 추기경 얼굴은
참 평온한 햇살이었다

스테인드글라스 창으로 스미는
천사들의 음악 같은 미소
단비 같은 은총의 손길
구원의 날숨 소리

이 밥상 마주하려고
수십만 문상 행렬이
며칠 동안 꼭두새벽부터
두세 시간 넘게 명동을 휘돌았다

순간의 안타까운 만남이었지만
가슴속에 떠 넣어준 밥 한술

"서로 용서하고 사랑하십시오"
새싹을 움트게 한 생명의 빛!

새벽별
−방상복 안드레아 신부께

고향 땅 밭고랑 논두렁까지
민주화의 꽃바람 일렁이던
1988년
첫째 주일미사를 끝으로
또다시 예수님 제자답게
스스로 청한
오지의 고행길로 나선 당신은

"먼 훗날 다시 만납시다"
이 한마디가 목이 메어
〈기쁜 날〉 부르게 해놓고
어깨만 들먹인 당신은

눈이 있어도 보지 못하고
귀가 있어도 듣지 못하고
입이 있어도 말을 못 하는
5공의 칠흑 같은 밤중 산타처럼

문득 검은 수염 휘날리며
우리 앞에 다가온 당신은

미사 때마다 잔치를 벌이듯
오고가는 사람들 손 뜨겁게 부여잡고
"폐암에 걸립니다" 금연 강조하며
아픈 자매, 입원한 형제
정의를 외치다 잡혀간 젊은이
그 가난한 인적사항
성당 입구에 대자보로 붙여놓고
"기도합시다!"
어느새 목이 쉰 당신은

허위 보도하는 TV 시청료 내지 말고
'카더라 통신'의 특종
5·18광주항쟁 비디오 보러 오라고
자정에도 사제관 문 활짝 열어놓은 당신은

언제나 길어진 강론 용서를 청했지만
지금 그런 목자가 어디 또 있는가
멀리 계셔도
날마다 우리들 가슴에
새벽별로 반짝이고 있습니다, 당신은

성탄聖誕

아이를 찾습니다
잉태는 몰랐어도 생일은 있습니다

달동네 천막집이거나 비닐움막
쪽방 음습한 한 귀퉁이

공중화장실 옆 쓰레기더미가 출생지인
아이를 찾습니다

청빈

진정한 빈자貧者는
성 프란치스코처럼
나누고 버리면서
살아야지

백결 선생처럼
지붕에서 새는 비를
가부좌로 맞는 것은
우화

온전한 가난은
무소유뿐 아닌
생각하고 있는 마음마저
비웠을 때 얻는 평화

대림 待臨

자선냄비 종소리 울리는 섣달만 되면
가출한 아이를 기다리는 어버이처럼
그대를 기다립니다

꿈에라도 만날까 일찍 잠자리에 들어
새벽까지 그대를 향한 수십 년
창호 울림에도 벌떡 일어납니다

고아와 미아가 넘치는 공포의 거리
빈자의 쪽방과 비닐하우스
그대여, 낮고 그늘진 곳으로 오소서

수탉

저는 태어날 때부터 밥이었습니다
알을 낳지 못하는 수놈으로
언제쯤 잡아먹힐까
두려움 속에 자랐습니다

불안정한 유소년 시절
여름 삼복만 무사히 넘기면
알 수 없는 신바람에
밖으로 뛰쳐나갔습니다
용솟음치는 모험과 도전이
상처뿐이어도
투계장 주변을 서성였습니다

장년이 되어
마음 착한 처녀를 만나
번쩍 사랑의 눈이 뜨여
알 잘 낳는 그녀의 종이 되었습니다

아내가 병아리를 부화할 때면
고양이, 족제비 등이 넘볼까
폭풍우, 눈보라 아무리 쳐도
둥지의 파수꾼이 즐거웠습니다

주인집에 귀한 손님이 든 날은
행여 아이들 잡혀가지 않을까
안절부절 가슴 졸여
두 손 모아 기도합니다
제발, 제가 씨암탉처럼
밥이 되는 은총 주소서

엄마

세상에 태어나서
옹알이로 시작한 말
젖을 물고 안수와 세례
만나와 함께 더듬은 한마디
"엄마!"

요람을 타고 방글거리면
천사를 마중하는 손길
똥오줌은 물론
앓증조차 당신의 것
진자리 마른자리 갈아 누이고

언제나 한 발자국 앞에서
손을 흔들던 길잡이
걸음마 적부터
모든 맛 들임의
지킴이였지

쓰나미에 휩쓸려 가는
삶과 죽음의 갈림길에서도
아기만은 가슴속에 품고
'후쿠시마의 기적'을 이룬 이
엄마, 나의 성모님

베로니카

내가 목마를 때 물을 주었고
배고플 때 빵을 주었고
등짐 지고 땀 흘릴 때
수건으로 닦아주었고
내 방황의 온갖 투정
정염의 찌꺼기조차
향기롭게 가꾸어주던
그대
내가 넘어질 때 부축해주고
버팀목이 되어준
베로니카

그대가 목말라 하고 배고파 하고
무거운 짐 지고 땀 흘리며 넘어질 때
나는 어떤 항구에 정박 중이었는가
그대가 돌팔매질 당해
온몸 찢겨 피 흘리며

깊은 구렁 헤맬 때
나는 어느 숲 속에 숨어 있었는가
그럼에도 한마디 원망 없이
새벽길 달맞이꽃으로 피어난
그대
베로니카여

은총

미풍에도 놀라 감겨지는 눈
티가 들었나 또 눈물 흐르네

티모롤, 트루숍, 프로페인, 젤라틴
매일 각 두세 방울씩 점안

"조심하십시오, 백내장도 깊어졌어요"
아직 동공은 건강한데 심각한 녹내장

원인을 모른 채 깊어가는 느개의 숲
오륙 미터 앞도 아득하다

"눈은 몸의 등불이다"
뼛속으로 스며드는 마태오복음 6장 22~23절

문득 보는 것 듣는 것 말도 못한
헬렌 켈러의 삶에서 위로받는다

점점 앞이 보이지 않아도 아직
그대 음성 듣는 것 은총 아닌가

스님의 그림

1
관수재로 구상 선생님께 들른 날
깡패 같은 스님 중광과 첫 만남

마침 신간이 출간되었다고
여분 한 권을 내민다

책장을 펼친 구상 선생님
"역시 땡초야!"

펼쳐진 책 속 발정한 수탉이
더 몸둘 바 모른다

2
산문의 길이 얼마나 험하고 멀기에
막걸리통에 소주 부어 들이켰는가

끝끝내 속세의 연을 끊지 못해
스스로 '미치광이 중'이 되었나

백팔번뇌 걷어차며
참선으로 가는 길

삼보일배로는 답답하고 지루해
삼천 배, 아니 삼만 배로 합장

달마의 집이 가까워올수록
솟구쳐 오르는 오욕의 불길

백남준이 빛에 미친 이였다면
구도자 중광은 선에 미친 이

화폭에 선혈로 뿌려진 승무僧舞
낙화로 흩날리다

일어나 춤을 추어라

우리 모두 똑같이
하느님 자손으로 태어난 것을
믿는다면, 자신 있게
믿는다면, 당신도 이제
일어나 춤을 추어라

꼭 흥이 나야만 춤이 되나
노래 못하는 벌로 더러는
먹은 것에 체해서 더러는
슬픈 일로 몸부림치는 것도
보는 이에 따라서는 황홀한
춤일 수 있지

살아가면서 평생
죄지은 일 없어도
기침 한 번 크게 못 하고
가진 것 없다고 움츠린 사람아
한강이 배가 불러 넘실거리는가

동해가 흥에 겨워 출렁거리는가

문득 각설이 행장이 그립고
멀쩡한 이의 병신춤이 오히려
돋보이는 세상, 누구에게나
빛과 그림자처럼
희망은 바로 절망
등 뒤에 있는 것
멍석 펼칠 때 기다리지 말고
타고난 모습 그대로
더덩실 두둥실

우리 모두 똑같이
하느님 자손으로 태어난 것을
믿는다면, 자신 있게
믿는다면, 당신도 이제
일어나 춤을 추어라

실명이 된다면

만약 실명이 된다면 나는
누구를 먼저 찾을까

신부님일까
수녀님일까

아내 손을 잡을까, 아이들 손을 잡을까
동생을 부를까, 친구를 부를까

아무것도 보이지 않는 칠흑의 세상
혼자서만 깨어 있는 외딴섬 파랑새

예수님께 갈까
성모님께 갈까

허둥지둥 헤매는 청이 아범 마음
초승달 옆 별자리쯤 틈이 없을까

연극은 막이 내리고

연극은 막이 내리고 있다
박수 소리 멈춘 텅 빈 객석
이제는 돌아가야 할 시간

모두 버리고, 내려놓고
머물 곳도 없는 몸이지만
칠십 평생 담금질한
"좁은 문으로 들어가도록 힘써라" 루카복음 13장 24절
끝내 닿을 수 없는 성

저만큼 산문山門에 기대보는
초대받지 못한 이름
연극은 막이 내리고 있다

4부

봉선화

웃고 넘길 농담 한마디에도
해산 날 가까운 암고양이처럼
곧잘 토라지는
당신

궂은일 덧게비 진
빈농의 막일꾼
손과 발이 가뭄의 논바닥
갈라지고 찢어지고
피멍이 맺혔다

소쩍새 우는 밤
흙담 밑 봉선화
잎과 함께 곱게 찧어
잠든 세 딸 손가락에 싸매주고
골다공증 공포로 밤새 뒤척이는
당신

깃발

허기지면 공부 안된다고
콩밥 가득 도시락 싸주시던 당신

끼니 거르기가 예사이면서도
늘 배가 부르노라 입버릇이시던 당신

바닥 해진 검정 고무신 발로 시장바닥 누비며
자식 놈 볼 터진 가죽 구두를 안쓰러워하시던 당신

온기 있는 구들에선 땀이 나 잠 못 이룬다고
밤마다 바람 찬 방문 앞에 자리 펴시던 당신

어느 날 불치의 병이 들어 병석에 누워서도
"난 괜찮다!" 가족들 눈길 피하시던 당신

"행여 내가 잘못되면" 아버지 식사 염려하여
숨겨둔 굴비 묶음 귀엣말로 일러주시던 당신

어머니, 당신의 그 절제와 눈물이
제 깃발이었습니다

북한산 진달래꽃

북한산 비봉
서남 계곡으로
불길처럼 타오르는
진달래꽃

해마다 이맘때면
스물두 해
성장이 정지된 근무력증으로
일생을 다섯 살배기로 살다
끝내 큰형 내외 가슴에
대못으로 박힌
조카 생각난다

눈길 닿는 언덕마다
꽃
꽃
꽃

꽃병풍을 둘러쳤네

어쩌면 큰형 내외가
이삼일 사이
향로봉 넘어 승가사 계곡
조카 집 가는 길에
원추리며 취, 고사리 꺾자고
부르실지 몰라

하늘 한번 보고
꽃잎 하나 뜯고
구름 한번 보고
나물 한잎 뜯고

오늘따라 비봉 오르막길이
조카 등짝에 업힌 듯
평화롭다

벌초

저는 매일 아침 면도를 하면서
아버님 어머님 묘소 깎아드리는 날은
벼르고 별러서 일 년에 한 번뿐입니다

일찍 별세하신 까닭에
큰아버님께서 억지를 부려
낯선 고향에 묻히셨습니다

저와 형제들 서울에 살고 있으니
한번 찾아뵙는 것도 일이 되는 시대
그래도 벌초하는 날만은 다 모입니다

많이 외는 실감이 안 되는 산천
사촌끼리도 얼굴을 모르고
어른의 통역으로 겨우 멋쩍게 웃습니다

이백 리 길 달려가 오며가며 둘러보면

아카시아, 뺑쑥, 칡, 클로버만
한 귀퉁이에 진을 쳤습니다

새치 뽑듯 손가락 가위 만들어
할미꽃 옆 무릇에 닿으면
허기진 세월의 내외분 한이 묻어납니다

낫질로는 깎이지 않는 잔디
예초기 소리에 산꿩이 푸드득
한가위 고개 위 흰 구름이 따로 놉니다

간이역

어느 날인가
비둘기도 앉지 않고부터
인적 없는 섬이 되었다

철길 옆 코스모스 하늘하늘
까까머리 중학생 통학 열차
누가 숨겼나

계란 한두 꾸러미, 쌀, 배추, 파
이고지고 수다 늘어진 아줌마
돼지 새끼, 송아지 몰고
남이 장에 간다고
씨오쟁이 짊어 맨 아저씨
장국 한 그릇, 막걸리 한 대접에
최 진사처럼 배 내밀고 뒷짐 진
허리춤에 늘어진 꽁치와 간고등어
다 어디로 갔나

허벅지까지 눈이 쌓이면
대합실 드럼통 난로에선
조개탄이 이글거리고
언 발 녹이다 고무신 타는 냄새에
화들짝 선잠 깬 영감님
가깝게 밀려오는 기적 소리
"상행선 개찰!"
정복의 철도원
호루라기 소리
모두 어디로 갔나

지렁이

십수 년째, 아무기도 아니면서
자리보전하고 있는 숙모
그 곁에 새우잠 든 외숙
제법 금실 좋은 원앙 같다

큰 것 작은 것 변을 볼 때마다
생애 마지막 정사라도 벌이는 듯
얽혔다 풀어졌다 되풀이되는
치열한 전쟁놀이

세상 번뇌 다 내려놓고
머리칼 끝에서 발톱 끝까지
흐느적이는 육신을 끌고
매일 삼보일배 오욕을 씻는다

병상의 내 눈앞 강아지
여든에 얻은 아들 눈부처 보듯

온갖 투정 다 받아주는
이 동행

평생 낮고 가난하여
밟혀서만 살아온 까닭인가
허리와 다리가 끊어질 듯 아파
이제는 더 갈 수가 없다

초승달이 뜬 오월 어느 날 밤
아련한 종소리를 찾은 숙모는
머리 곧추세워 사방 둘러보고
큰 들숨 한 번, 날숨은 멈췄다

귀향

그곳은 낯익은 마을이었다
그러나 낯설은 마을이었다

연자방앗간은 김치 공장이 되었고
고샅은 시멘트 복개 차도
굴뚝새처럼 오고 가는 낯선 여인들
피부 빛과 언어, 웃음소리도 낯설어

베트남
필리핀
몽골
중국에서 온 며느리들

등에 업힌 아기의 미소만은
순진무구 똑같네
저 입속의 옹알이 좀 봐

"개똥이 아녀?" 반겨주던
족보에 목숨 걸던 먼 친척 어른은
오래전부터 실어증을 앓고
곽란 등에 사관침 잘 놓던
나의 탯줄 잘라준
곶감 장사 할머니
전설로만 남았네

그곳은 낯설은 마을이었다
그러나 낯익은 마을이었다

빈집

폐가도 아니면서
오래된 매물처럼
누구 하나 발길 들여놓지 않는 빈집
내 유년이 누워 있는 요람

부서진 사립문 앞 매몰된 우물터
여인들 도란거림 들려오고
구름 머물고 간 무너진 흙담에
추상화로 달라붙은 담쟁이넝쿨

항암 투병자의 빠진 머리카락처럼
우수수 쌓인 지붕 이엉 부스러기 속
굴뚝새 한 마리 들고
고사목이 된 뒤란의 고염나무
전설 머금은 장승 같다

잡초 속 뜨락에 들면, 지금도

신발 끌며 뛰쳐나오는 어머니
숨이 멎을 듯 눈물 고이는
내 영혼이 기침하는 집

산촌일기 山村日記

여기는 역사의 빈 뜰
분계선分界線 달빛도 찬데
노송老松은 사철 푸른빛
비원悲願 감고 도는 침묵
고가古家의 울타리 안에
소로꽃은 다시 피었네

삶과 죽음의 바뀜을
수없이 지켜온 문턱
오늘은 약속 없는 만남
순간과 영원의 갈등인데
빈 하늘 그 원형圓形의 뜰엔
잊혀진 말씀 남았네

산 그림자 그대로 천년
물속 깊이 아른거리고
선대先代의 피땀 배인 땅

높고 낮은 들판인데
기러기 울음소리 끝에
남북南北 사연 묻어 오네

분계선 타는 노을
산촌山村에 불붙으면
탁주 한 잔에 취한 얼굴
호롱불빛에 더 고운데
창틈에 정겨운 이야기
도란도란 꽃피네

여기는 서글픈 전지戰地
총과 칼끝이 부질없다
멀리 들리는 종소리
어둠을 몰고 가고
잡초雜草 속 이끼 낀 지붕 너머
동터오는 새벽빛!

백두산 사진을 보며

임종하시는 아버님 머리맡에
액자로 걸려 있던 산
'왜놈들이 만든 우편엽서'로만 보아온
백두산
북쪽이 고향인 선대의 한 서린 영봉

어느 날 TV에서
생태학자 옥스퍼드대 푸어 교수가
등정 촬영한 원색사진으로 다시 본다

단군이 현생하는 듯 신비롭게
안개를 삼키는 거울 같은 천지

손을 뻗으면 잡아끌듯
굽이쳐 흐르는 압록강

환청으로 메아리치는 국민가요

〈눈물 젖은 두만강〉

누군가 백마 타고 달려오는가
요동치는 자작나무, 전나무 숲
하늘과 땅 뒤덮는 아버님 얼굴

비무장지대가 열리다

반세기가 넘는 어둠의 역사 속에
감춰졌던 백옥 같은 살결
신비의 자궁을 본다

단원의 숨겨진 춘화보다 매혹적인 그림
자위를 하고 싶은 숨 막히는 비경
오, 세계자연환경 보호구역!

엉겅퀴가 장미처럼
고라니가 토끼처럼
저 순수의 솔바람 소리

수천만 이산민의 눈물과 기도로
철책과 얼어붙은 임진강도 풀려
마침내 애액의 샘이 터졌구나

어떻게 포옹하나

눈에 넣어도 아프지 않을 산천이여
DMZ!

독립문공원

매미 울음소리만 귀가 아픈
팔월 한낮
그때 그 고함 소리
신음 소리, 절규하던
그들은 어디로 갔는가

애국, 민족이라는 이름 앞에
피 흘리며
목숨 내려놓은
그 어른들
지금 어느 하늘을 떠돌고 있는가

고문도 총성도 멎은 지
수십 년인데
아직도 들릴 듯한
서릿발 같은 결기
허리 굽은 느티나무는 알고 있겠지

사람들은 무심히 지나쳐도
돌멩이 하나 흙 한 줌에도
각인되어 있는 역사의 눈물
발길을 붙잡는 선열들의 넋
독립문공원, 서대문형무소

용서하지 마라

아픔도 서러운데
약 한 첩 못 써보고
엄동설한에 송아지까지 딸려
인사도 못 한 눈 감기도 전에
흙구덩이 속에 몰아넣는
짐승보다 못한 사람들
용서하지 마라

모처럼 콩깍지 듬뿍 여물 끓여
구유 가득 아침밥 먹여놓고
쟁기질 나가는가 싶더니
대문 밖이 저승
설사기 하나로
구제역 판정
살처분!

순하디순한 얼룩빼기

큰 눈망울에
소리 없이 흐르는 눈물
십 년을 가족으로 살아온
텅 빈 외양간에
젖어 있는 워낭 소리
용서하지 마라

노숙자와 비둘기

여기는 북한산 서남쪽 자락
연신내 골짜기 대추마을 어린이공원
서릿발처럼 쏟아지는 가로등 불빛 위로
지금 막 동이 트고 있는 새벽

소주병 나뒹구는
플라스틱 벤치
광고지 이불 삼아 잠에 빠진 노숙자들
새벽 산책길이 착잡하다

쓰레기통이 되어버린 공원 마당
먹다 버린 피자 조각, 빵 부스러기에
아이스크림 찌꺼기, 떡볶이
수십 마리의 비둘기가 파티를 연다

트림이 나올 만큼 포식한 비둘기들
사랑 놀이와 몸 만들기로 즐거운 시간

비몽사몽 노숙자들은 처연한 얼굴로
찾아오는 자선의 손길만 두리번거린다

어머니

눈밭에 갇힌 외딴 초가집
아궁이에 생솔 지피며
눈물 감추시던 겨울
온갖 시름 아닌 듯 닦아내시던
당신
설, 추석 일 년에 두 번만
비녀 꽂고 쪽 찌신
어머니

| 밀어주는 글 |

성자^{聖者} 같은 마음의 서정시

송하섭 문학평론가·전 단국대 부총장

1

나는 김춘호 시인의 시도 좋아하고 수필도 좋아한다. 그러나 그보다도 더 좋아하는 것은 친구 김춘호이다. 그러니까 김춘호를 좋아해서 그의 글들이 좋은 것인지 아니면 그의 글들이 좋아서 친구 김춘호를 좋아하는 것인지 잘 분간이 가질 않는다. 그렇지만 조용히 생각해보면 아무래도 그가 먼저인 것 같다.

우리가 친구로 만난 것은 어언 반세기 전으로 거슬러 올라간다. 내가 단국대학 야간에 적을 두고 대학신문에 어줍은 글들을 투고하면서이니까 1960년대 초반이었다. 그때 김 시인은 대학신문 기자로 주로 문예면을 담당하고 있어서 우리 같은 문학 지망생들과는 바로 친해질 수 있었다. 특히 김 시인은 충북산으로, 충남산인 나와는 같은 충청도 태생이라 더욱 빨리 가까워졌는지도 모른다. 아니 그보다는 김 시인의 겉모습부터가 수수 텁텁하고 오래 사귄 친구 같은 친밀감을 가져서였을 것이다. 우리는 만나자마자 대폿집행이었고 곧바로 의기가 투합했던 것으로 기억된다. 우리는 문학 모임을 같이하면서 가난한 학생들끼리 막걸리 몇 잔 마실 용돈만 생기면 누가 먼저랄 것도 없이 술집에 들러 열정을 쏟아 이야기를 나누었다.

졸업 후 나는 시골 선생으로 사회생활을 시작했고 김 시인은 《여학생》, 《아리랑》, 《서울신문》, 《주부생활》, 《샘터》, 《여원》 등 여러 신문과 잡지에서 일을 하다가 출판사 '제3기획'을 창립하고 김동길, 최인호, 김수현, 정주영 씨 등 유명 인사들의 책을 수없이 출간해서 명망 있는 출판인으로 자리매김을 하였다.

우리는 생활하는 지역이 다르고 하는 일이 달라 자주 만나지는 못했지만 한 번도 서로의 소식을 모르고 지난 일은 없었다. 가뭄에 콩 나듯 가끔씩 만났지만 만나기만 하면 서로 껴안고 펄쩍펄쩍 뛰면서 반가워하고 술을 마시면서 헤어지는 것을 안타까워했다. 근래 우리는 정년 등 직장에서 해방되면서 더욱 가깝게 되었다. 이제 우리의 친분은 겨울날

| 밀어주는 글 |

성자^{聖者} 같은 마음의 서정시

송하섭 문학평론가·전 단국대 부총장

1

나는 김춘호 시인의 시도 좋아하고 수필도 좋아한다. 그러나 그보다도 더 좋아하는 것은 친구 김춘호이다. 그러니까 김춘호를 좋아해서 그의 글들이 좋은 것인지 아니면 그의 글들이 좋아서 친구 김춘호를 좋아하는 것인지 잘 분간이 가질 않는다. 그렇지만 조용히 생각해보면 아무래도 그가 먼저인 것 같다.

우리가 친구로 만난 것은 어언 반세기 전으로 거슬러 올라간다. 내가 단국대학 야간에 적을 두고 대학신문에 어줍은 글들을 투고하면서이니까 1960년대 초반이었다. 그때 김 시인은 대학신문 기자로 주로 문예면을 담당하고 있어서 우리 같은 문학 지망생들과는 바로 친해질 수 있었다. 특히 김 시인은 충북산으로, 충남산인 나와는 같은 충청도 태생이라 더욱 빨리 가까워졌는지도 모른다. 아니 그보다는 김 시인의 겉모습부터가 수수 텁텁하고 오래 사귄 친구 같은 친밀감을 가져서였을 것이다. 우리는 만나자마자 대폿집행이었고 곧바로 의기가 투합했던 것으로 기억된다. 우리는 문학 모임을 같이하면서 가난한 학생들끼리 막걸리 몇 잔 마실 용돈만 생기면 누가 먼저랄 것도 없이 술집에 들러 열정을 쏟아 이야기를 나누었다.

졸업 후 나는 시골 선생으로 사회생활을 시작했고 김 시인은 《여학생》, 《아리랑》, 《서울신문》, 《주부생활》, 《샘터》, 《여원》 등 여러 신문과 잡지에서 일을 하다가 출판사 '제3기획'을 창립하고 김동길, 최인호, 김수현, 정주영 씨 등 유명 인사들의 책을 수없이 출간해서 명망 있는 출판인으로 자리매김을 하였다.

우리는 생활하는 지역이 다르고 하는 일이 달라 자주 만나지는 못했지만 한 번도 서로의 소식을 모르고 지난 일은 없었다. 가뭄에 콩 나듯 가끔씩 만났지만 만나기만 하면 서로 껴안고 펄쩍펄쩍 뛰면서 반가워하고 술을 마시면서 헤어지는 것을 안타까워했다. 근래 우리는 정년 등 직장에서 해방되면서 더욱 가깝게 되었다. 이제 우리의 친분은 겨울날

다시 느낄 수 있다.

    아침마다 면도를 해도
    솟아오르는
    수염처럼

    부질없이 자라나는
    손톱과 발톱
    머리칼처럼

    이목구비 오장육부
    뚫어진 구멍마다
    쌓이는 먼지처럼

    허욕의 바이러스
    더 깊이 더 넓게
    영육을 잠식한다

                        「고죄告罪」 전문

  날마다 달마다 우리들 마음속에 수염처럼, 손발톱처럼, 그리고 머리칼이나 먼지처럼 쌓여가는 허욕의 바이러스, 이를 피할 수 있는 사람은 없다. 단지 행복한 사람은 이를 깎고 자르고 털어내면서 살지 않으면 불행하다는 격언인 셈이다.

「돌아오는 길」에서의 "잊어버린다는 것은 / 기억한다는 것보다 남루하고 / 아린 시련이었습니다"나 「만남」에서 우리 만남은 "나팔꽃 같은 기다림", "이슬방울 같은 설레임", "코스모스 같은 그리움", "메아리가 될 목마름", "새벽별 같은 외로움"이라 노래한 것, 「귀향」에서의 "그곳은 낯익은 마을이었다 / 그러나 낯설은 마을이었다" 같은 표현에서 우리는 그러한 인생의 관조를 읽을 수 있다.

3

현대를 살아가는 우리들의 비극 중의 하나가 '정情의 상실'이 아닐까. 자연에 대한 정, 유년에 대한 정, 고향에 대한 정, 어머니에 대한 정, 지난 시절 우리는 비록 가난했지만 이런 정으로 위안받고 서로 의지하면서 살아온 세대들이다. 그런데 이러한 정의 상실로 오늘의 삶은 빡빡하고 버겁다. 김 시인은 이 정의 상실을 안타까워하고 있다. 그의 시 곳곳에 잊힌 정에 대한 아쉬움이 배어 있다.

눈밭에 갇힌 외딴 초가집

아궁이에 생솔 지피며
눈물 감추시던 겨울
온갖 시름 아닌 듯 닦아내시던
당신
설, 추석 일 년에 두 번만
비녀 꽂고 쪽 찌신
어머니
　　　　　　「어머니」 전문

"끼니 거르기가 예사이면서도 / 늘 배가 부르노라 입버릇이시던" 어머니, "바닥 해진 검정 고무신 발로 시장바닥 누비며 / 자식 놈 볼 터진 가죽 구두를 안쓰러워하시던"(「깃발」) 어머니. 항상 가난 속에서도 그러한 정을 주신 어머니의 사랑과 같은 인간에 대한 사랑과 그 사랑을 상실함에 대한 안타까움이 우리들의 마음을 애련하게 한다.

"개똥이 아녀?" 반겨주던
족보에 목숨 걸던 먼 친척 어른은
오래전부터 실어증을 앓고
곽란 등에 사관침 잘 놓던
나의 탯줄 잘라준

곶감 장사 할머니
전설로만 남았네
「귀향」 부분

 그처럼 자신에게 정과 정성을 주셨던 어머니, 친척 어른, 고향의 할머니, 이제는 전설이 되어 만날 수 없음을 생각한다. 아니 그러한 정서를 불러냄으로 각박한 오늘을 사는 우리들에게 삶의 의미를 다시 생각하게 하는 것이다. 여기에는 ""어이 오랜만일세" / 찬 손만 잡고 흔들다 / 홀연히 돌아선 사람 / 놓쳐버린 막차였다"(「염원」)라고 노래한 친구도 있고, "성장이 정지된 근무력증으로 / 일생을 다섯 살배기로 살다 / 끝내 큰형 내외 가슴에 / 대못으로 박힌 / 조카"(「북한산 진달래꽃」)도 있다.
 정을 그리워하는 사람은 순수한 사람이요, 선량한 사람이며, 마음씨 고운 사람이다. 김 시인이 바로 그런 사람이어서 이렇게 사람에 대하여, 자연에 대하여, 추억에 대하여 정을 그리워하고 있는지도 모른다.
 정을 그리워한다는 것은 결국 이별의 뒷이야기가 된다. 그는 이별에 대하여 이렇게 절규한다.

 촛불 끝 심지가 재로 날릴 때까지

그대와의 만남을 말할 수 없어요

목젖의 가래가 숨을 멎게 할지라도
그대와의 대화를 고백할 수 없어요

마지막 남은 잎새처럼 바르르 떨며
뜨거운 키스로 영혼 속에 심은 말

빙벽의 미라처럼 내 안에 갇힌 그대
눈을 떠도 감아도 눈물 가득합니다
「말할 수 없어요」 전문

4

 칠순이 넘은 그는 이제 몸이 전과 같질 않다. 젊어서 너무나 무리하게 활자를 많이 보았던 탓일까. 시력이 많이 퇴화되었다. 어쩌면 시력을 완전히 잃을지도 모른다는 의사의 진단을 받았다고 하는데 다른 사람 같으면 그런 말을 듣고 절망할 테지만 그는 늘 태평하다. 며칠 전에도 전화로 "눈은 어떤가?" 하고 물었더니 "이만하면 감사하네"라고 답한다. 그 목소리에 슬픔이나 한탄이나 체념 같은 것이 배지 않은 그야말로 평화로운 목소리이다. 오히려 내 내자의 질환을 걱정하고 몸 보존 잘하란다. 웬만한 수양으로서는 불가능한 말이라 생각한다.

> 육안이 흐려지면
> 심안이 열린다는
> 선인들 말씀 아래
> 나의 녹내장은 깊어만 간다
>
> 초대받은 연주장 입구에서
> 그대가 날 몰라보고 지나치려 할 때
> 나조차 그대를 못 알아본다면
> 이를 어쩌나
> 　　　　　　　「친구」 부분

그는 마음의 눈이 더욱 밝아질 것이라는 희망으로 오늘의 고통을 잘도 이겨내고 있다. 이게 어디 쉬운 일인가. 그는 지팡이도 안내견도 부질없단다. 커피 한 잔 마주하고 모차르트의 〈레퀴엠〉을 함께 들어줄 그런 친구가 아쉽단다. 장송곡에 해당하는 〈레퀴엠〉 음악이 마음에 걸리기는 하지만 설사 인생의 끝 날이 온다고 하더라도 음악을 이해하는 친구를 만나고 싶다는 염원은 아름답다. 그는 "그대 음성 듣는 것 은총 아닌가"(「은총」)라고 우리에게 묻고 있다. 그러나 그도 인간인데 어찌 질환을 친구 삼아 살아가는 인생길에 회심이 없겠는가.

>무리에서 낙오한 기러기 한 마리
>가시를 삼킨 듯 꺼억꺼억
>쫓기듯 떨며 날아간다
>
>부모 형제 잃었다고
>포기할 수는 없잖아
>고통의 쓴잔 넘기듯 꺼억꺼억
>
>안 보여도 보이는 척
>어떤 이는 심안이 밝아
>더 멀리 보인다는데
>
>「어떤 기러기」 전문

이런 시를 읽다 보면 나 또한 숙연해지지 않을 수 없다. 그러나 그에게는 반드시 심안이 환하게 열려서 앞으로 더 많은 글을 쓰고 더 많은 친구들에게 위안을 줄 것으로 확신한다.

특히 김 시인이 염원하는 '점심 같은 시'를, 한 편이 아니라 수백 편 쓰게 될 것을 믿는다.

끝으로 그가 쓰고자 하는 시에 대한 욕구를 작품으로 말한 「점심 같은 시 한 편」을 소개하면서 책임을 면하려 한다.

내 생애
점심 같은 시 한 편만 쓸 수 있다면
원이 없겠네

수다스런 제비 내외도
어느 대목에선
목이 잠기고
눈물이 담기는데

마음에 점 하나 찍는 일이
왜 이리 어려울까
잊어야지 잊어야지 하면서도
차마 지울 수 없는 허기

산간수 돌 틈에 숨은 송사리 같은
싱그런 말씀들 건져 올려서

맛깔스런 점심상 차려봤으면

「점심 같은 시 한 편」 전문